LA COLLECTION
D'OBJETS D'ART

Du Comte de SOULTRAIT

En son vivant Président de la Société d'Emulation de l'Allier

PAR

ROGER DE QUIRIELLE

Avec une eau-forte de J. VIÉ.

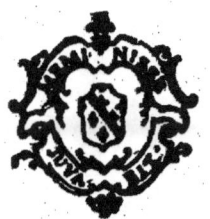

MOULINS

H. DUROND, LIBRAIRE-ÉDITEUR

1894

Double Res.

VII

CURIOSITÉS BOURBONNAISES

LA COLLECTION
D'OBJETS D'ART

Du Comte de SOULTRAIT

En son vivant Président de la Société d'Emulation de l'Allier.

PAR

ROGER DE QUIRIELLE

Avec une eau-forte de J. VIÉ.

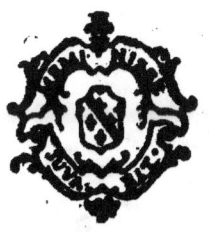

MOULINS

H. DUROND, LIBRAIRE-ÉDITEUR

1894

La Collection d'Objets d'Art

Du Comte de SOULTRAIT

En relisant la curieuse description que le chanoine de La Mure, le vieux chroniqueur montbrisonnais, nous a laissée de son « *cabinet d'estude et de piété, remply de rares curiositez* » (1), j'admirais combien ce digne savant avait fait preuve de prévoyance en dressant ainsi, pour le plus grand profit des générations futures, l'inventaire commenté de sa collection.

Qui saurait aujourd'hui, en l'absence de ce document plein de saveur, que l'historien des ducs de Bourbon et des comtes du Forez fut un collectionneur intrépide, très jaloux et très épris de ses « curiosités » ? Sans compter qu'il nous donne en outre — renseignements trop rares — de précieuses indications sur les tendances et le goût d'un antiquaire de petite ville, en plein XVII° siècle.

---

(1) M. Chantelauze a reproduit cette curieuse pièce au commencement du 1er volume de sa belle publication du manuscrit de La Mure : *Histoire des ducs de Bourbon et des comtes de Forez*. A Paris, chez Potier, libr., quai Malaquais, n° 9, 1860.

A mon tour je voudrais, à l'exemple du bon chanoine, essayer de montrer la composition et l'aménagement d'une collection formée, également, en province, mais par un érudit de notre temps. Aussi bien cela aidera à perpétuer le souvenir d'une délicieuse réunion d'objets d'art anciens et fournira l'occasion de rendre un nouvel hommage à la mémoire d'un homme éminent, dont les travaux archéologiques si brillants et si personnels, furent souvent consacrés à notre Bourbonnais.

J'entends parler du Cte Georges de Soultrait qui fut, en effet, un collectionneur de premier ordre, non pas seulement par sa connaissance approfondie et raisonnée des vieilles belles choses : meubles, faïences, tapisseries, etc., mais encore par sa façon judicieuse et charmante de les mettre en valeur et d'en tirer un enseignement.

C'était dans son château de Toury-Lurcy, en Nivernais, qu'il avait réuni et excellemment disposé toutes ses trouvailles. Et s'il vous plaît, cher lecteur, nous allons nous rendre à cette intéressante demeure et la visiter ensemble, mais en nous reportant à quelques années en arrière, c'est-à-dire avant la mort du très regretté châtelain-collectionneur.

Une collection est un peu comme le troupeau que le pâtre garde au champ — on me pardonnera cette comparaison à la Florian. — Le pâtre vient-il à manquer ? voilà le troupeau dispersé….

De Moulins à Toury, il y a quelque 24 kilomètres par la route de Decize qui s'allonge, plate et mélancolique, à travers les taillis et les prés où miroite, çà et là, l'eau dormante des étangs. Dans ce paysage infiniment paisible, tout plein, d'ailleurs, d'aimables pages d'album aux harmonieuses et fines colorations, le trajet se fait assez vite. Après avoir salué au passage La Font-Georges, la maison des champs en deuil de son divin maître Banville, on ne tarde pas à distinguer, dominant la frondaison d'un parc, une grosse tour, dernier vestige de l'ancienne forteresse seigneuriale de Toury. Cette vénérable vigie, dans sa puissante architecture militaire du xiv° siècle, a résisté seule et se dresse d'un fier élan, isolée maintenant, en avant du nouveau château. Celui-là, vaste et pacifique construction rectangulaire du siècle dernier, s'est élevé sur les ruines de son devancier et se présente, avec une confortable élégance, précédé d'une large pelouse que limite une grille monumentale en fer ouvragé et armorié du plus élégant style.

Et maintenant, soulevant le vieux heurtoir Louis XV, ciselé de rocailles, qui orne la porte du logis, faisons-nous ouvrir et procédons méthodiquement à notre visite.

Tout de suite, dès le seuil, on constate que le maître de céans n'appartenait pas à l'école aujourd'hui un peu surannée, d'ailleurs, des amateurs qui mettent leurs bibelots rares « en chapelle » dans une salle mystérieuse et écartée. Cette séquestration des objets d'art lui faisait horreur et il estimait que ceux-ci doivent remplir partout, dans la maison, leur rôle natif d'objets de décoration. N'est-ce pas, en effet, un parfait et admirable emploi de ces trésors artistiques qui, ainsi placés dans l'intimité quotidienne du foyer, en augmentent le charme, tout en exerçant sur le goût de chacun la plus salutaire influence ?

Nous voici dans le vestibule. Beau et hospitalier,

ce vestibule pavé de mosaïques aux gais ramages, et donnant accès, à droite, à un vaste escalier de pierre d'où lui arrive, de haut, une lumière discrète et caressante qui met singulièrement en valeur les meubles et autres ouvrages anciens, déjà nombreux ici, et formant comme le prologue de tout ce que nous verrons bientôt.

Le regard du visiteur se porte, d'abord, sur deux statues de pierre — une vierge à l'enfant Jésus, du commencement du xvi° siècle, et la statue, plus ancienne, d'un moine en prière, — qui se dressent en face de lui, de chaque côté d'une porte amplement drapée d'une verdure d'Aubusson. A gauche, un meuble à deux corps en chêne, de la fin de la Renaissance, montre, sur ses panneaux, de fines perspectives et fait pendant à un autre bahut, également en chêne sculpté, mais un peu plus ancien que le précédent et décoré d'aigles et de marmousets aux angles de ses fortes corniches.

Des pièces de faïence sont accrochées aux murs, alternant avec des tableaux et apportant une note claire et joyeuse dans cette réunion un peu austère. Il y a là, notamment, un plat d'Avignon d'une rare grandeur et un autre, en faïence de Montpellier, décoré de bouquets et de fleurs jetées, qui est aussi de dimension et de qualité exceptionnelles.

Au nombre des tableaux, en voici un auquel s'attache une anecdote assez amusante. C'est une peinture sur bois de la fin du xv° siècle, qui représente une adoration des mages, traitée avec l'archaïsme charmeur des mystiques et candides imagiers du temps.

M. de Soultrait en fit la trouvaille à Besançon.

Passant un jour devant l'atelier d'un peintre en bâtiments, il aperçut le vénérable tableau fraternisant avec des baquets de couleurs, parmi des enseignes en réparation et quelques échelles. Justement, le peintre, un vieux bisontin très barbu, l'air important, était dans son officine.

— Voulez-vous me vendre cette vieillerie, mon brave ?

— Ah oui ! mon tableau de *l'enfance de la peinture*....

— Vous dites ?

— Je dis que ça représente *l'enfance de la peinture*. C'est une allégorie.... C'est très antique. Ces messieurs que vous voyez, autour, coiffés de turbans, ce sont des Turcs, de riches Turcs. Ce qui prouve, ajouta le bonhomme avec une grande logique, que la peinture est native de Turquie.

— Enfin, voulez-vous, oui ou non, vous en défaire ?... Je vous en donne cent francs !

— Cent francs ? Jamais ! s'exclama l'artiste en bâtiment. Si vous le voulez, prenez-le pour deux cents, il ne sortira pas de chez moi à moins ! Mais soyez tranquille, je ne vous livrerai pas « de la marchandise » en cet état !... on a son amour-propre. Je vais vous le remettre à neuf !

Et M. de Soultrait eut toutes les peines du monde à sauver les mages de cet excès de zèle professionnel.

II

LE PREMIER SALON

Sans nous arrêter plus longtemps à ces bagatelles de la porte, pénétrons dans un premier salon, celui dont l'entrée est gardée par les deux statues déjà signalées.

La pièce est entièrement tendue de verdure en tapisseries d'Aubusson, une table Louis XIV en bois noir parée de cuivres dorés superbes, occupe le centre. Au fond, a trouvé place entre deux larges ouvertures donnant sur le parc, un grand bureau hollandais, orné de marqueteries de bois aux vives couleurs. A gauche, dans un enfoncement de la muraille, voici un coffre magnifiquement ouvragé, travail allemand du xvie siècle. Il sert de support à tout un monde de menus bibelots : miniatures, figurines d'ivoire, statuettes napolitaines, faïences anciennes, etc. En face, la cheminée de bois sculpté, travail méridional du temps de la Régence, est surmontée d'une glace sans tain donnant sur un second salon. Sur la cheminée, en outre d'une très belle pendule de Boule, se trouve une grande vasque en faïence, du xviie siècle, oblongue et ornée, sur chacun de ses petits côtés qui s'évasent en demi-cercle, d'une tête de femme formant saillie. Les deux faces principales présentent de larges médaillons, circonscrits par des entourages de rinceaux en relief et décorés en bleu, dans le style chinois. Enfin, quatre lions couchés supportent cette vasque, très importante et très ornementale, que l'on a attribuée à Nevers, mais qui ne justifie pas absolument cette attribution : c'est une nivernaise qui me semble avoir un peu l'accent du midi.

Quoi qu'il en soit, son origine n'apparait pas aussi clairement que dans cette autre pièce de faïence — bien et dûment de Nevers, celle-là, et de rare qualité — qui est suspendue à côté de la porte donnant sur le vestibule. C'est un plateau rond, de moyenne grandeur, représentant, émaillé bleu, jaune-ocre et vert, le sacrifice d'Abraham. Le patriarche est vu de profil — un beau et pur profil oriental — au moment où l'ange arrête son bras prêt à frapper. Composition fortement empreinte de l'influence italienne et exécutée avec cette *largesse*, cette simplicité et ce gras dans l'émail qui placent les faïences de Nevers, de cette époque (commencement du xviie siècle) au-dessus de tous les produits céramiques de leur temps.

Ici, à droite, voilà une seconde table, celle-ci Louis XV, en chêne apparent, un peu lourde, peut-être, dans sa surabondance de rocailles — l'exagération provinciale — mais des plus décoratives, étonnamment conservée et très capable d'exciter l'admiration — voire même l'envie — des clients du meuble qui savent, par expérience, combien les belles tables anciennes sont rares.

Quelle est donc cette statuette de femme qui est là-bas, en place d'honneur, bien en face de la lumière, sur une crédence Henri II, à la très délicate architecture ? C'est une œuvre exquise de la Renaissance française, exécutée dans un marbre blanc que le temps a blondi. Approchons-nous et admirons. Cette délicieuse figurine, incomplète malheureusement (les bras manquent), représente — perle rare ! — non l'habituelle sainte, mais une jolie profane, proche parente — j'en jurerais ! — de la belle Ferronnière.

Délicieusement drapée dans un ample vêtement qui laisse deviner, parmi ses plis moelleux, des charmes robustes et bien nourris, tels enfin qu'il les fallait à une beauté militante de ces temps héroïques, cette plantureuse et solide personne apparaît cependant merveilleusement souple et élégante. Elle est debout, portant haut la tête qui est tout à fait charmante et trop spirituelle, dans les traits du visage, dans cette moue un peu dédaigneuse de la bouche, pour ne pas être un portrait. Et combien ce joli visage est galamment encadré par d'épaisses masses de cheveux divisées en bandeaux dont les bouts viennent se réunir en torsades sur le sommet de la tête, pendant qu'une mèche folle s'est échappée et se répand en fines boucles sur l'épaule gauche ! Tout cela est d'une grâce incomparable, grandie et noblifiée par le génie admirable de la Renaissance qui fait que cette figurine haute de deux pieds à peine, a l'ampleur d'une statue.

En la regardant de très près, on s'aperçoit qu'elle est en deux pièces. Et se figure-t-on que les deux tronçons, si heureusement rajustés aujourd'hui, allaient être séparés et perdus à tout jamais, sans la venue fortuite de M. de Soultrait, à l'heure exacte où le forfait était en train de s'accomplir ? — Il y a quarante ans, les collectionneurs avaient encore, deux ou trois fois dans leur vie, l'occasion de tels sauvetages.

Or donc, dans ce temps-là, le providentiel sauveteur, bien jeune encore, avait entrepris de visiter le Nivernais, à pieds et sac au dos. Il allait de village en village, de château en église, prenant des notes sur les monuments divers qu'il rencontrait, et préparant ainsi, d'après nature, son « répertoire archéologique de la Nièvre », un modèle du genre.

Un jour — cela se passait aux environs de La Charité-sur-Loire — après une dure course dans la poussière brûlante d'une après-midi d'août qui avait poudré à blanc et fort maltraité l'excursionniste, celui-ci avisa un logis rural d'aspect ancien, quelqu'un sans doute, de ces vieux petits fiefs agricoles, comme il en reste tant là-bas. Espérant y trouver, sinon d'intéressantes observations à faire, du moins un peu de repos à l'ombre, il s'y achemina.

Mais à son approche, un chien, un de ces chiens de berger aux poils hérissés et inquiétants s'élança vers lui, manifestant par ses aboiements féroces, les intentions les moins hospitalières.

Heureusement que la fermière, plantureuse, haute en couleur et l'air réjoui, attirée par ce tapage insolite, encadra dans la porte sa vaste carrure, symbole de la vie des champs heureuse :

— Ici, « *Parisien* » ! cria-t-elle.

Avez-vous remarqué — cela soit dit en passant — que nos paysans du centre appellent volontiers leurs chiens « parisien » ou « parisienne » ? Est-ce là, simplement, une indication d'origine de race, ou bien faut-il y voir un regrettable manque d'égard pour les habitants de la grande ville ? Je n'aurai garde de me prononcer.

Quoi qu'il en soit, le « parisien » en question, très surexcité, négligea d'obtempérer de suite à l'injonction de sa maîtresse et continua, bruyamment, le cours de ses hostilités.

Ce que voyant, la brave femme ramassa à terre le premier projectile qui lui tomba sous la main et le lança, de son bras vigoureux, dans la direction de la bête. Cet argument fut irrésistible et mit le chien en fuite ; mais il eut un autre résultat, celui de faire rouler jusqu'auprès de M. de Soultrait un fragment assez volumineux — le projectile — dont la forme bizarre attira son attention. Il ramassa l'épave qui lui arrivait de si étrange façon et l'examina curieusement. C'était la partie supérieure d'une statuette en marbre du xvie siècle : buste et tête et quelle mignonne tête de femme, savamment et précieusement ciselée !

Vous vous imaginez l'émotion du touriste antiquaire, à ce moment ! Emotion faite de joie et de regret : certes ! le morceau était de premier ordre et il se réjouissait de sa découverte, mais quelle honte d'avoir brisé et de traiter ainsi une telle merveille ! Si encore la partie manquante pouvait ne pas être irrémédiablement perdue !... Du reste, il allait en avoir le cœur net et s'approchant de la fermière :

— Madame, lui dit-il en la saluant, serait-ce indiscret de vous demander si, par hasard, vous n'auriez pas déjà corrigé votre terrible chien avec... ce qui manque à ceci ?

— L'autre morceau de « l'idole » ! répondit-elle avec dédain, ça doit bien être resté par là ; c'est mon homme qui l'a trouvée en curant le canal.

Et elle indiquait du doigt les restes d'anciennes douves qui longeaient la ferme.

— Alors, cet autre morceau ? insista M. de Soultrait qui, d'un regard anxieux, scrutait circulairement les alentours, vous savez, si vous le retrouvez tout de suite !... Je vous payerai la chose un bon prix.

— Bien vrai ? interrogea la fermière, vous achèteriez « ça vieux » ? Eh bien ! entrez donc, vous vous reposerez un peu pendant que je vais chercher, « ça » doit bien être par là, dans la cour.

Et notre collectionneur entra, pressant sur son cœur le beau marbre mutilé ; et, par la fenêtre de la grande cuisine, il suivait avec intérêt les allées et venues de son hôtesse qui, très appliquée, fouillait consciencieusement les coins et recoins de la cour. Tout à coup, il la vit s'arrêter près d'un chariot dételé et ramasser, contre une des roues du véhicule, un objet assez lourd qu'elle apporta triomphalement. On l'a deviné : le corps de la statuette — horreur ! — calait le chariot !

Il est superflu de dépeindre la joie avec laquelle le jeune archéologue rapprocha entre eux les deux tronçons qui firent apparaître à ses yeux ravis, dans toute son harmonieuse et provocante beauté, la figurine que nous connaissons et qui fut longtemps la gloire de la collection de Toury.

Il la paya de tout le contenu de son porte-monnaie et partit emportant sa trouvaille, au risque d'une courbature, tandis que la fermière, ébahie, se demandait si ce visiteur prodigue qui payait les pierres cassées avec de l'or, n'était pas quelque prince asiatique et idolâtre voyageant incognito.

Et de fait, à Toury, dans cet intérieur raffiné où se pratiquait, avec tant de ferveur, la jolie et consolante dévotion aux objets d'art, cette belle personne de marbre ne prit-elle pas rang de divinité ? Divinité de choix, symbolisant et résumant à merveille la dévotion de la maison.

Trônant sur sa crédence ainsi que sur un autel, on la vit entourée et parée de rares faïences anciennes : vases d'offrandes exquis que nous allons examiner. Voici, d'abord, une paire de potiches de Delft, non pas de cette fabrication banale qui alimente le commerce du bric-à-brac hollandais, mais deux pièces de grande qualité, dont les panses renflées étalent, dans les plus vives couleurs, une végétation d'Orient animée d'oiseaux étranges (xviii° siècle). Sur une tablette inférieure repose une urne en porcelaine de Vienne de forme ovoïde, décorée, sur sa face principale, de guirlandes fleuries dont les contours dessinent la lettre M répétée deux fois. L'autre face porte la date « Den 2ten Decbr 1776 » en caractères cursifs dorés. Les anses sont faites de feuillages enrubannés et sur le couvercle s'épanouit une rose. C'est un charmant et très intact spécimen de cette porcelaine élégante et estimée. Dans son voisinage, à remarquer une bouquetière en faïence de Marseille de l'époque de Louis XV, bouquetière d'applique dont l'évasement semi-circulaire est à recouvrement percé de trous pour recevoir les fleurs. Son riche modelé de rocailles et de rinceaux encadre une pastorale, berger et bergère, dans un paysage où l'on retrouve ce vert et ce rouge si limpides et si lumineux, dont les vieux faïenciers marseillais ont gardé le secret.

Avant de nous éloigner de la statue et de son joyeux entourage de faïences, regardons encore une mignonne corbeille nivernaise de forme carrée, décorée en bleu dans le goût franco-oriental (xviie siècle).

Elle est aux pieds de « l'idole », sans doute pour y recevoir les dons fleuris des dévôts de la maison.

Tout à fait digne d'un tel emploi, cette délicate corbeille, restée intacte dans sa fragilité heureuse et si charmante avec ses parois découpées à jour en une dentelle fleurdelisée !

III

LA SALLE A MANGER

Passons maintenant dans la salle à manger s'ouvrant, à gauche de ce salon, par une porte qui apparaît parmi les feuillages et les oiseaux d'une vieille tapisserie drapée.

Vaste, accueillante et de beau style, cette salle où le regard est d'abord attiré par une cheminée monumentale en bois sculpté, dont le manteau, supporté par des cariatides, est orné du portrait à mi-corps d'un ancêtre à l'air martial et aux longs cheveux très soignés qui ondulent sur une collerette de dentelle : un élégant guerrier de l'époque de Louis XIII. La console qui règne au-dessous du portrait est chargée de brocs flamands et de délicates verreries de Venise qui prêtent à l'aïeul l'air d'être lui-même à table et de donner, en permanence, le bon exemple aux convives.

D'autres portraits de famille, très décoratifs dans le vieil or de leurs cadres, sont encore là, nombreux et solennels, se détachant vigoureusement sur le fond rouge des murailles.

Faisant face à la cheminée, un grand vaisselier est chargé de faïences. Sur la tablette supérieure du meuble, trône une superbe hure de sanglier, flanquée de... deux lapins, pièces dans le genre de celles que l'on voit au château de la Favorite, près de Baden-Baden, et qui proviennent de la fabrique de Scherzheim en Wurtemberg.

Parmi des plats d'origines diverses qui garnissent les rayons inférieurs, il faut remarquer un intéressant spécimen des faïences de Zurich : plat polychrome à armoiries dont la bordure est décorée de fruits. Et encore, cet autre plat, en faïence de Rouen, qui est orné, dans le goût chinois, d'un dragon tout rutilant du beau rouge normand. Mais le morceau important est un tableau rectangulaire d'assez grandes dimensions, exécuté à Nevers, au commencement du xviie siècle. Ce tableau qui fit partie, sans doute, d'un chemin de croix, représente, émaillé jaune, vert et bleu, le miracle de la Sainte-Face. A genoux devant Notre-Seigneur défaillant sous le poids de la croix, sainte Véronique tient déployé le linge qui a gardé l'empreinte du visage de Jésus. Cette scène se détache en avant d'une nombreuse figuration fort bien groupée dans un paysage d'un beau caractère. Il y a là mieux que de l'habileté de métier : une préoccupation plus haute se manifeste dans cette œuvre qui, par l'inspiration et le sentiment religieux, prouve que les céramistes nivernais de la bonne époque savaient, à l'occasion, être de véritables artistes.

Ici, entre les deux fenêtres d'où arrive la lumière à travers les arbres du parc, lumière toute miroitante et comme animée par l'agitation des feuillages environnants, une pendule d'applique, de l'époque de Louis XIV, se dresse solennelle et architecturale, sous son dôme incrusté de cuivre et d'écaille que surmonte une figure allégorique du Temps.

Cette pendule me rappelle celle qu'un collectionneur célèbre, le baron X..., qui a réuni tant de merveilles dans son vieil hôtel du Marais, a placée malicieusement dans un salon d'attente, au seuil de ses trésors.

Est-elle là pour donner l'heure ? Certes non ! ce n'est pas son affaire. Et tenez pour certain que si, de temps à autre, elle condescend à manœuvrer ses grandes aiguilles ouvragées, elle le fait avec la noble indépendance qui convient à une telle pendule, authentiquement habillée par l'illustre ébéniste du Roi-Soleil.

D'ailleurs ses fonctions sont autrement importantes. De qualité superbe, mais très sobre et d'aspect discret, elle sert au spirituel baron à juger, du premier coup, la compétence des curieux qui viennent voir sa collection. C'est un piège qui leur est tendu.

Un visiteur avisé a-t-il l'inspiration de s'extasier devant le vieux régulateur ? Il est sûr que toutes les vitrines lui seront ouvertes et qu'il pourra admirer à son aise les plus exquises raretés du maître antiquaire.

Passe-t-il, au contraire, indifférent ? Le pauvre homme est toisé, c'est un philistin qui ne pénétrera pas dans l'intimité du temple et ne contemplera que les objets subalternes, précisément sacrifiés à la profanation des hérétiques.

Moins féroce que son ancêtre mythologique, mais tout aussi inexorable, ce sphinx d'antichambre interdit l'entrée du sanctuaire à ceux qui ne devinent pas son artistique énigme.

La pendule de la salle à manger de Toury se contente, elle, d'être un bibelot de choix qui est là, bénévolement et sans traîtrise, pour le plaisir de ceux qui veulent bien la remarquer. C'est en effet, une pièce des plus attrayantes, avec ses cuivres opulents qui se détachent harmonieusement sur une marqueterie d'écaille.

Elle fut achetée, sous le règne de Louis-Philippe, par le père du Comte Georges, qui était, alors, receveur général à Mâcon.

Dans ce temps toujours en proie aux cadrans surmontés, par exemple, d'un Mazeppa emporté sur le légendaire « coursier du désert » ou gracieusement ornés d'une Esmeralda contant ses peines à sa chèvre, les pendules de vieux style étaient fort méprisées. M. de Soultrait paya la sienne quelques louis, à la vente d'un génial maniaque qui avait consacré sa vie à recueillir les pendules anciennes et qui — précurseur calomnié — passait, parmi ses contemporains, pour être plus timbré que ses vieilles pensionnaires elles-mêmes.

Cependant, par un juste retour des choses d'ici-bas, le mâconnais méconnu a eu sa vengeance posthume. Aujourd'hui, les Mazeppa et autres Esmeralda ont vu leur prestige s'en aller avec leur dorure et sont devenus des articles d'exportation coloniale. A tel point que nos explorateurs s'en servent avantageusement pour subjuguer les rois nègres et leur donner un avant-goût des beautés de la civilisation européenne : tout est bien qui finit bien !

Mais nous n'avons pas terminé notre inspection et il nous reste encore à examiner d'autres faïences — ne sont-elles pas ici dans leur vrai domaine ? — placées, celles-ci, tout autour de la salle, en une ligne luisante que supporte la corniche d'une haute boiserie.

D'élégantes assiettes de Marseille aux jolies formes Louis XV, montrent leurs clairs paysages maritimes, animés de pêcheurs et de bateliers, ou bien vous offrent les fleurs qui baignent dans l'émail laiteux de leur engobe.

Quoi de plus charmant que ces bouquets composés de tulipes, de roses et de marguerites que lutinent des insectes et qui s'épanouissent, au bout de leurs longues tiges si souples, en des tons d'une suavité et d'une finesse merveilleuses ? Ces décors fleuris font penser à ceux de Saxe dont ils procèdent, d'ailleurs, mais qu'ils surpassent de toute la grâce française.

Plus loin, des plats de Delft, légers et minces comme les porcelaines de la Chine qui les ont inspirés, étalent leurs pagodes qu'ombragent de folles végétations, et font admirer le beau rouge particulier aux Hollandais, *un rouge qui saigne* et où les rehauts d'or brillent d'un éclat singulier.

Ici, nous saluons de nouveau des faïences de Nevers et nous en retrouverons encore souvent. C'est que le maître de céans a réuni, avec une particulière tendresse, ces produits doublement de sa terre natale étant faits d'elle.

Et combien cette tendresse était bien placée ! Comment ne pas admirer, entre autres, ces plats à la forte structure, assortis à souhait aux beaux gars et rudes mangeurs du grand siècle — leurs premiers possesseurs — vastes plats trempés dans un émail épais, profond et gras ? Et sur cet émail légèrement teinté d'azur, de robustes décorateurs ont peint des compositions toujours pleines de caractère, largement traitées et étonnamment variées d'effet, étant donnée l'exiguïté de leur palette, qui ne comportait que quatre couleurs : le bleu, le jaune, le vert et le manganèse (brun violacé).

Ce sont, tantôt des tableaux champêtres, paysages à la Claude Lorrain ou épisodes de chasse ; tantôt des scènes bibliques ou mythologiques ; tantôt de capricieux et singuliers mélanges d'oiseaux, de fleurs, d'architecture, de personnages et d'animaux jetés dans un apparent désordre qui est, en réalité, une recherche décorative de haute originalité.

Ici, le décor apparaît en bleu sur l'émail azuré du fond ; là, les rôles sont renversés et l'ornementation se relève en blanc sur une engobe d'un bleu magnifique.

Plus loin, c'est un plat d'inspiration italienne, mais épurée par le goût français ; l'artiste y a exécuté, en camaïeu bleu, un dessin d'ornementation très brillant : têtes casquées et figures hybrides, jolis monstres moitié femme et moitié oiseau, apparaissant parmi des enroulements et des rinceaux.

Mais il faut regarder cette coupe ornée de la tête laurée d'un César qui se détache sur un fond vert.

Elle est des premiers débuts de la fabrication nivernaise et fort curieuse, dénotant les tâtonnements d'un art mal fixé encore.

Veut-on savoir comment M. de Soultrait était devenu possesseur de cette pièce rare qui n'est plus, malheureusement, qu'une ruine, mais précieusement rajustée et restaurée ?

Eh bien ! c'est un crime qui l'a fait mettre au jour ! Oui, vous avez bien lu, un crime !

Dans un vieux logis du XVIe siècle, égaré parmi les bas quartiers de Nevers et affligé d'une assez fâcheuse renommée, un infanticide avait été commis ; du moins, le bruit s'en était répandu.

A cette nouvelle, l'excellente Mme Thémis s'émut. Fidèle à ses devoirs professionnels, elle se mit à informer et à perquisitionner. Sous son œil sévère on sonda le puits et — cela est classique — on vida... autre chose encore. Enfin, on scruta courageusement partout ; cependant — voyez le guignon ! — Mme Thémis ne trouva rien.

Mais le propriétaire de la maison, voulant utiliser le travail déjà accompli par la justice de son pays, fit approfondir le puits — était-ce bien le puits ? — et, un beau jour, ses ouvriers ramenèrent à la surface du sol, lugubre trouvaille, une tête !

Il est vrai que cette tête était celle d'un empereur romain et qu'elle apparaissait dans l'émail d'un tesson de faïence.

Un marchand d'antiquités de la ville acheta ce tesson, ainsi que quelques menus débris de cette même faïence. Tous ces morceaux rapprochés firent revivre la belle coupe que le châtelain de Toury fut heureux de joindre à sa collection.

IV

LE GRAND SALON

Pour atteindre la galerie, il faut traverser deux salons : celui que nous connaissons déjà et un autre qui lui fait suite, vaste pièce d'une élégance plus cérémonieuse, pièce des réceptions du soir, aux peintures tendres et à l'opulent lustre de verroterie vénitienne, dont les pendeloques scintillent et se multiplient dans le miroitement des glaces. Ici, tout est aménagé selon les obligations mondaines de l'endroit, on a banni les encombrements de bibelots et laissé la place libre aux « sauteries » improvisées. Dans un coin, un grand piano à queue se tient, menaçant et, le long des murs, sont alignés en bon ordre une infinité de jolis sièges du xviiie siècle, laqués et vêtus de soie claire. Nous éloignerons-nous sans regarder de près la cheminée ? ce serait vraiment dommage, car elle est d'un goût bien charmant, cette cheminée Louis XVI, en marbre blanc, incrustée d'autres marbres de couleur ! Elle est meublée d'une monumentale pendule aussi en marbre blanc et aussi Louis XVI, qui dresse sa colonnade de temple antique, agrémentée de fins médaillons en porcelaine de Wegwood. Des candélabres en bronze doré l'accompagnent, portés, chacun, par une statuette de femme, mignonne adolescente aux voiles indiscrets qui enlace de ses jolis bras les gerbes de lumières.

Et là-bas, entre les deux fenêtres, n'est-elle pas délicieuse, cette console Louis XV qui s'épanouit dans toute la libre fantaisie de ses rocailles ? Un haut miroir la surmonte, enguirlandé, sur son cristal, de fleurs et d'attributs finement sculptés et dorés. Puis, sur la tablette, a trouvé place le buste en marbre d'une jeune fille, œuvre honorable d'un sculpteur de Besançon.

LA GALERIE

Nous voilà dans la galerie qui communique avec ce salon par deux baies s'ouvrant de chaque côté de la cheminée.

Là, le regard reste un instant déconcerté, en face de toutes les choses diverses et charmantes qui s'étalent devant lui ; que faut-il voir d'abord ? Est-ce cette grande vitrine hollandaise dont les rayons sont chargés de délicates faïences ? mais elle n'est pas seule; en voici une autre, et puis encore une troisième !

Commençons par noter l'arrangement heureux de ces richesses, combiné pour le plus grand plaisir du visiteur arrivant par le salon. Toutes les vitrines, alors, lui font face, l'autre côté de la galerie étant occupé par des meubles de moindre importance. Et sur les murs, partout, sont suspendus des tableaux anciens mêlés, toujours, à des faïences. C'est un amoncellement de bibelots qui se pressent les uns contre les autres, se dressent sur les bahuts, s'entassent sur des étagères et se faufilent dans tous les coins !

Aussi faut-il renoncer à tout examiner en détail et se contenter de noter, çà et là, quelques objets de choix. Considérez, par exemple, dans cette vitrine, ce magnifique plat ovale, en faïence de Moustier, assez grand pour contenir une pièce de venaison capable d'affronter trente convives. Son décor, se détachant en bleu sur le fond lacté, est une de ces chasses, d'après Tempesta, où l'on voit, dans un paysage d'orient, des cavaliers armés de lances lutter contre des fauves.

C'est la première manière de Moustier (commencement du xviii° siècle), manière éphémère qui fut vite remplacée par des compositions de l'école des Bérain, dont les arabesques menues, les minces figurines à gaine et toutes les gracilités s'accordaient mieux avec le tempérament des décorateurs du cru. Voilà pourquoi ces vastes plats à sujets de chasses sont rares et très justement recherchés. Celui qui nous occupe est de qualité supérieure, d'un émail parfait et absolument intact.

Il provient de la collection de Mme L..., compatriote et émule du mâconnais, amateur de pendules, dont il a été question précédemment. Dans les temps obscurs des meubles en acajou, des coiffures « à la vierge » et des manches à gigot, cette femme-phénomène, inspirée par quelque mystérieux et providentiel atavisme, adorait déjà le bric à brac.

Chez elle, tout était vieux, tout, jusqu'aux plus intimes ustensiles de ménage ! C'est ainsi qu'on y faisait les gaufres avec des fers aux armes d'un noble gourmet du xvi⁰ siècle et que, dans un coin de sa chambre, il y avait une ratière gothique en activité de service.

Remarquez encore cette élégante bouteille en faïence hollandaise du xviii⁰ siècle qui, avec ses deux renflements, affecte la forme d'une gourde très svelte. Les chinoiseries dont elle est ornée, présentent cette particularité que leurs rehauts d'or ont été appliqués *à froid*. Celle-là, aussi, est un souvenir de la collectionneuse à la ratière gothique, dont les goûts, comme l'on voit, étaient sans parti pris.

Mais que fait ici cette hache en silex taillé, épave antédiluvienne, égarée parmi ces bijoux d'émail ? Entre ce produit barbare de l'industrie primitive et ces œuvres quintessenciées de l'humanité vieillie, le contraste est émouvant. C'est le commencement et la fin, les deux bouts de l'aventure terrestre. Il y aurait là matière à de profondes considérations. Cependant — que le lecteur se rassure ! — j'aime mieux lui faire remarquer ce joli cabinet en marqueterie française de la fin du xvi⁰ siècle. Les fleurs et les rinceaux de ses portes, d'aspect si joyeux, ne font guère prévoir son grave contenu. C'est le médaillier dans lequel M. de Soultrait a particulièrement amassé les pièces et les jetons concernant notre province. Il a trouvé là les principaux matériaux de son *Essai sur la numismatique bourbonnaise*, titre trop modeste d'un savant ouvrage.

En face, a trouvé place une vitrine en bois de rose où l'on voit, entre autres, une potiche en faïence de Nevers, décorée en blanc sur fond bleu lapis. C'est une pièce de grande taille, remarquable par l'intensité de son émail, pièce classée, d'ailleurs, et une des plus belles connues.

La façon dont M. de Soultrait en devint l'heureux possesseur mérite d'être narrée. C'était au temps de sa jeunesse et lorsqu'il faisait son droit à Paris. Or, il arriva qu'en semaine de carnaval, il décida, avec quelques amis, d'aller au bal de l'Opéra.

Chacun songea mûrement à son costume, importante question qui ne fut pas résolue à la légère, et qui nécessita de nombreuses visites au costumier. Précisément, cet industriel avait sa boutique toute voisine de celle d'un marchand d'antiquités. Et la devanture de l'antiquaire montrait, en évidence la grande potiche bleue qui, provocante, faisait resplendir ses émaux !

Mais M. de Soultrait passa souvent sans s'apercevoir de ses avances. Il pensait à son déguisement, hésitant encore entre un costume de reître allemand et celui d'un seigneur de l'époque de François Iᵉʳ.

Avec cela, le temps marchait et ses hésitations duraient toujours, si bien que la veille du bal arriva sans que le reître eût pris une avance appréciable sur le noble seigneur.

Serait-il, le lendemain soir, un pittoresque aventurier, ou bien était-il destiné à éblouir la foule sous des ajustements seigneuriaux ? M. de Soultrait se le demandait encore, arrêté à quelques pas de la boutique du costumier, devant l'étalage de l'antiquaire.

Il était là, très perplexe, pesant, en conscience, les avantages et les inconvénients des deux professions, lorsque, tout à coup, ses yeux rencontrèrent la merveilleuse potiche.

Le jeune étudiant était déjà un collectionneur déterminé et un fin connaisseur. Aussi, vous vous figurez son émotion ! Pendant longtemps il contempla cette faïence qui, sous son émail étincelant, apparaissait comme taillée dans un fabuleux bloc de lapis. Et puis, cet émail ne lui apportait-il pas un reflet de sa petite patrie nivernaise ?

Subjugué, il entra dans le magasin.

— Combien vendez-vous cette potiche ? demanda-t-il au marchand, digne fils d'Israël, qui commença par lui en demander trois fois le prix qu'il finit par lui concéder.

Dans ce temps-là, les faïences, même les plus belles, n'étaient pas chères ; ce prix représentait, à peu près la petite réserve que M. de Soultrait avait économisée en vue de la fameuse soirée. Et dame ! son budget d'étudiant ne lui permettait pas cette double dépense, il fallait choisir !

Son choix fut vite fait ; oubliant le bal et les costumes, il acheta le beau vase !

Ses amis se rendirent donc à l'Opéra sans lui. Ils eurent même, au cours de la fête, des difficultés avec un « municipal » d'un caractère sans doute susceptible, qui jugea bon de les faire coucher au poste.

Ce fut, naturellement, leur sage camarade qui alla les réclamer. Puis, les ayant ramenés chez lui, il leur montra la potiche bleue, et, gravement, leur dit :

— Messieurs, saluez votre libératrice !

. . . .

Cette anecdote me paraît peindre à merveille le côté préservateur et moral de la passion des collections et je la choisis pour clore la description, bien incomplète mais fidèle, de la maison d'un collectionneur à la fin du XIXᵉ siècle.

Je souhaite, en finissant, que ces quelques pages aident aux vocations nouvelles et augmentent le nombre des gens heureux qui collectionnent.

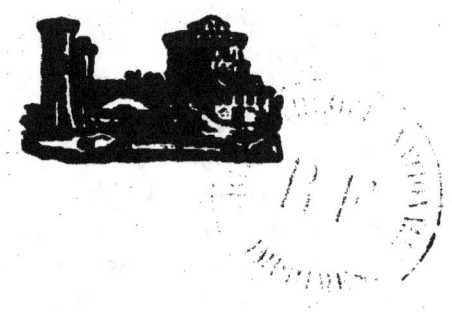

MOULINS, IMPRIMERIE CRÉPIN-LEBLOND
Avenue de la Gare, 14

www.ingramcontent.com/pod-product-compliance
Lightning Source LLC
Chambersburg PA
CBHW050033230526
45470CB00003B/1261